I0846201

www.ingramcontent.com/pod-product-compliance
Lightning Source LLC
Chambersburg PA
CBHW040214240726
48664CB00019B/1390
* 9 7 8 1 6 9 5 8 4 9 8 2 2 *